Luis A R Branco

I0159815

Poesias, Prosas e Pensamentos

1ª Edição

Petrópolis, RJ

Luis Alexandre Ribeiro Branco

2014

DEDICATÓRIA

Dedico este livro ao Deus, Único e Criador de todas as coisas.

A minha família e de maneira especial a Sebastião Joaquim da Silva (in memoriam), meu pai, com quem aprendi a expressar meus sentimentos.

E a todos que de uma forma ou de outra passaram pela minha vida, e conscientes ou inconscientes contribuíram para eu ser o que sou.

Ó PROFUNDIDADE DAS RIQUEZAS, TANTO DA SABEDORIA, COMO DA CIÊNCIA DE DEUS! QUÃO INSONDÁVEIS SÃO OS SEUS JUÍZOS, E QUÃO INESCRUTÁVEIS OS SEUS CAMINHOS!

POR QUE QUEM COMPREENDEU A MENTE DO SENHOR? OU QUEM FOI SEU CONSELHEIRO?

OU QUEM LHE DEU PRIMEIRO A ELE, PARA QUE LHE SEJA RECOMPENSADO?

PORQUE DELE E POR ELE, E PARA ELE, SÃO TODAS AS COISAS; GLÓRIA, POIS, A ELE ETERNAMENTE. AMÉM.

ROMANOS 11:33-36

APÓSTOLO PAULO

ÍNDICE

INTRODUÇÃO

Esta pequena coletânea de textos são frutos daquilo que me vieram ao coração e a mente nos últimos anos, não têm nada a ver com a minha capacidade de escrever, nem pretendo opulentar estes textos como se neles houvesse alguma característica poética. São textos simples que surgiram e procurei escrevê-los e hoje chegam às suas mãos neste formato.

Meu agradecimento a todos os que leram estes textos isoladamente, e emitiram suas opiniões, algumas de encorajamento, outras de desencorajamento e outras sugeriram mudanças.

Meu desejo é que assim como eu, possam deixar as palavras levá-los à terras jamais visitadas e a sentimentos jamais sentidos.

Luis A R Branco

ME ENCONTREI

Há dias em que me encontro ausente de mim mesmo, então saio em minha procura e me encontro na música dos artistas das esquinas das ruas e no som de seus violinos, me encontro numas frases de grafite nos muros da estação, no bouganville que de tão grande se sobre põe ao muro da casa que o prende, me encontro no sorriso da criança que passou. O vento que sopra parece me recompor. Então sento-me na esplanada e peço um café, na gentileza do empregado de mesa encontro a parte que faltava. Depois de saborear o café, volto para casa, presente.

ADEUS

Se há algo que o poeta sabe fazer e dizer é: "Adeus, até nunca mais!" A dor depois vamos levando de poesia em poesia até já não sermos mais.

ORDEM E PROGRESSO

O deus Trabalho casou-se com uma deusa que se chamava Ordem, e os dois tiveram um filho maravilhoso chamado Progresso.

O MEU LUGAR FAVORITO

Hoje depois do desjejum, passei a mão no saco com livros, bloco de anotações e canetas e corri ao meu local predileto, um jardim. Mas não é um jardim qualquer, é daqueles feitos há um século.

Cercado por um muro branquinho, cujo o único acesso é um estreito portão de ferro preto. O jardim não está cuidado, o relvado ralo e em desnível deixa visível a falta de um jardineiro. Mas mesmo assim ainda é lindo. As plantas misturam-se com o mato, flores mesmo só vi duas ou três corajosas, azuis e amarelas.

Há uma figueira mal cuidada num canto do jardim, com figos em abundância, dos quais provei vários, doces e deliciosos, e disputados pelos pássaros. Insetos há aos montes, mas não nos incomodam, seguem suas vidas neste mundo isolado e abandonado.

Há pelo menos quatro bancos de madeira espalhado pelo lugar, cada um com capacidade para cinco pessoas, um deles, bem a porta uso para dormir quando canso-me de ler ou escrever... Ô sono bom sô! Os bancos denunciam que num passado qualquer este jardim hoje solitário, outrora já foi mais visitado.

Há uma capela, branca, portas e meia parede azul, está trancada. Pelos vidros vi algumas imagens de escultura empoeiradas e adiante delas dois genuflexório, o que mostra que ali já foi feita oração. Que jardim é este que me convida à entrar sempre que passo por ele? É um jardim de Deus....

Não do Deus Católico ou do Deus Protestante, é um jardim do SENHOR, SENHOR de todos que queiram ou não, que acreditem ou não, do céu, da terra, do mar e de todo o universo. Como é possível, um Deus tão perfeito, tão maravilhoso, tão magnifico estar aqui neste jardim de caos estrutural, e enche-lo de tamanha paz?

Mas não é assim connosco? Ou por algum acaso achamos que nosso jardim interior de encontro com Deus é perfeito? Não, somos todos um caos diante deste Deus perfeito. O Éden foi ele quem construiu e cuidou, por isto foi perfeito, Os nossos têm buracos, pedras, pragas, insectos, bancos sujos e vazios das pessoas e amigos que deixamos do lado de fora da nossa vida. Nossa capela segue trancada e empoeirada. Mas Deus está nele, e nos convida a juntos, fazermos dele um lugar melhor.

Bem, vou terminar aqui e dormir um pouquinho... é tão bom...

TEU DESPREZO

Teu desprezo é certamente cruel e nem uma gota de ternura derramaste em meu cálice. Mas fiz um pacto com a minha alma, onde nem o ódio, nem a indiferença e nem o desprezo terá oportunidade em mim. Minha resposta é simples, continuar em frente. Quem disse que só se ama uma vez? A estrada é longa, e os amantes são muitos. A tua paga, é não me ver voltar atrás, sem poder me alcançar.

BRASIL, MEU BRASIL BRASILEIRO

Brasil, meu Brasil brasileiro,

Assim como muitos do teu povo,

Entraste para a história por um acidente.

Tua história tinha tudo para a mais bonita,

Um encontro de povos às margens do Atlântico,

Viria a formar um novo povo, uma nova raça,

Um encontro de varias matrizes étnicas que fazia surgir o brasileiro.

Brasil, meu Brasil brasileiro,

Uma cruz foi erguida numa terra denominada Vera Cruz,

Ali invocou-se ao Cristo, na terra onde tantos outros deuses, guias, espíritos caboclos e orixás também viriam a ser invocado e já o eram.

Apesar da religiosidade, não havia piedade,

Tantos outros madeiros foram erguidos por esta terra, não para a invocação santa,

Mas para subjugar pela força do braço do homem

branco, todos que não eram brancos.

Brasil, meu Brasil brasileiro,

Teu chão foi regado de sangue de índios e negros,

Neste solo regado de sangue nasceu a pobreza, nasceu o ódio, nasceu a miséria visível em cada canto desta terra.

Um encontro que tinha tudo para ser de amor, foi de ódio.

Nasceu a nova raça desta mistura de matrizes étnicas,

Mas não nasceu do amor, nasceu do abuso, da violência, do estupro.

Esse somos nós filhos desta história que muitos não querem contar.

Brasil, meu Brasil brasileiro,

Temos festas, e até o maior espetáculo público do mundo,

Temos rítmicos, temos tambores, temos canções,

Mas no fundo somos infelizes.

Nestas mesmas favelas onde se cria o maior espetáculo da terra,

Anualmente cinquenta mil pessoas morrem vítimas da violência, drogas, e descaso público, Cantamos e dançamos num desejo eufórico de sufocar nossa tristeza.

Brasil, meu Brasil brasileiro,

Conheceste todo tipo de governo, foste colónia, foste império,

Viveste debaixo da ditadura, e hoje és república,

Mas em todos estes governos foste falho, foste corrupto, foste cruel,

Que te resta meu Brasil, a anarquia? Não, seriamos apenas ainda mais infeliz.

A maldade faz parte da essência do nosso povo, somos mais cruéis que acreditamos ser. Matamos por tudo e por nada, roubamos o que tem valor e o que não vale nada.

Somos os novos bárbaros do século XXI.

Brasil, meu Brasil brasileiro,

O que o destino te reserva? Teus governantes são corruptos, seus magistrados silenciados por um preço e teus filhos clamam desesperados nas ruas sem que ninguém os ouça

É preciso recomeçar, recomeçar da consciência de quem somos e do que precisamos mudar.

É preciso importar a dignidade, a ética, os valores humanos que nunca foram naturais para o nosso povo.

Será que ainda há tempo? Será que posso sonhar com um Brasil que nem meus bisavós, avós e meus pais conheceram? Será que posso sonhar com uma terra de amor para meus filhos, como aquela que deveria ter surgido às margens do Atlântico?

Brasil, meu Brasil brasileiro, É hora de chacoalhar o jugo que nos aprisiona há cinco séculos, Numa indignação coletiva que mudará tua história para sempre!

SOLIDARIEDADE

Se todos dias cada líder mundial lesse uma poesia, depois olhasse livremente pela janela, respirasse o ar fresco que nos é dado gratuitamente, depois caminhasse pelo jardim observando as flores, não haveria guerras, haveria sim, solidariedade.

OS QUATRO AMORES

O apóstolo escreveu que "o amor jamais acaba". Mas de que amor falava ele? Há tantos tipos de amores, contudo, na relação acredito que são quatro os amores: o amor que nasce, o amor que vive, o amor que adoece e o amor que morre.

O amor que nasce é uma flor de uma orquídea na janela da nossa casa, tão encantadora, mas tão frágil.

O amor que vive é uma flor selvagem que cresceu no campo e tem forças para enfrentar as intempéries da vida.

O amor que adoece é uma flor que foi esquecida no vaso num canto da casa, e vai morrendo aos poucos pela falta água, de carinho e atenção.

O amor que morre é uma flor cortada, que deixou de ser flor para ser objecto de decoração, estetizada, com a ajuda da água consegue manter a aparência viçosa, mas logo a morte assume cada centímetro do seu ser e é finalmente deitada fora.

A filosofia do amor que jamais acaba, acrescentado ao descaso dos amantes é a causa da frustração da vida amorosa....

VISITA INDESEJÁVEL

A morte é uma visita ingrata e indesejável, chega, espaçosa ocupa o lugar, acaba com o riso, impõe o choro, dá ordens, faz ameaças, espezinha a todos, leva quem amamos e na saída diz vaidosa, voltarei outra vez. Não consigo dizer como o velho poeta que lhe chamou de "a minha mais nova namorada".Eu a odeio sempre, especialmente quando aparece. Mas quando ela se vai nos resta juntar os cacos dos vasos quebrados, ajeitar a mesa bagunçada, abrir a janela para sair esse seu cheiro de flores doces. A vida continua, ela é mais forte, e com os que ainda ficam podemos rir, fazer festas e celebrar a vida novamente, até que a morte volte, indesejável como sempre.

A MENTE DO POETA

A mente do poeta é uma contradição,

Há dias em que ela esta pronta à aceitar tudo e a todos,

Há dias em que ela resiste a qualquer coisa,

Há dias em que encontra sentido em tudo,

Há dias em que não encontra sentido em nada.

O coração do poeta é uma contradição,

Há dias em que se derrete de amor e paixão por tudo e por todos,

Há dias em que a única coisa pelo que anseia é a solidão,

Há dias em que o mundo é uma fonte inesgotável de prazer,

Há dias em que deseja desaparecer como uma pequena nuvem levada pelo vento.

Os olhos dos poetas são uma contradição,

Há dias em que qualquer que seja a direção em que olhar vê formosura,

Há dias em que qualquer que seja a direção em que

olhar só vê miséria,

Há dias em que seus olhos parem um rio inesgotável de águas cristalinas,

Há dias em que seus olhos parecem poços secos em meio ao deserto.

As mãos do poeta são uma contradição,

Há dias que precisa tocar, abraçar, sentir o tato,

Há dias em que só deseja escondê-la no bolso ou debaixo no braço,

Há dias em que deseja desesperadamente de uma caneta ou um lápis,

Há dias em que suas fracas mãos nada consegue segurar.

Ser poeta é ser assim, cheio de contradições...

FLORES

Flores só as aprecio nos jardins, nas beiradas das estradas e nos campos. Flores foram feitas para estarem no caminho, enegizando os olhos dos transeunte.

Flores nos vasos, são flores mortas, para enfeitar uma mesa de madeira também morta. Não, não gosto de vasos, gosto de terra, gosto dos jasdins, dos campos.

Gosto da flor exposta ao perigos das intempéries, do sol, da chuva, do vento, do outro que pode passar e levá-la.

Mas cada vez que passo por ela e ainda está ali radiante, sinto-me renovado.

Assim é o amor, amor para mim tem que ser livre, fazer parte da caminhada, sujeito as intempéries da vida, sem medo da sedução dos outros, assim, a cada manhã, quando acordo e te encontro ao meu lado, meu amor por ti se renova.

PAPEL PICADO

Sinto-me como papel picado lançado ao vento, cada poeta pegou um pedacinho de mim e escreveu uma palavra ou frase, e à medida que os leio, vou me encontrando e me juntando aos poucos.

AS ESTAÇÕES DO ANO

Num dia de inverno, de vento frio e chuvoso, apanhei uma solidão que nada curava, e durou o todo o inverno.

Mas veio a primavera, quando vi uma linda menina que com pena de mim, correu pelos campos floridos, a visão dela entre as flores era linda. Trouxe-me três flores, com as quais fez-me um chá que me curava aos poucos da solidão. À medida em que a menina me visitava e eu tomava mais do seu chá de paixão, este era o nome daque chá estranho, ficava cada vez melhor e impressionado com a sua atitude carinhosa.

No verão já estava completamente curado, graças ao chá de paixão da menina das flores. Então resolvi ir a praia, e lá havia tantas meninas, uma mais linda que a outra, e logo me vi envolvido em desejo por duas ou três, com as quais me encontrei o durante o verão e experimentei toda sorte de prazer. Esquecendo-me completamente da menina das flores.

Mas o verão acabou, veio o outono, as meninas da praia se foram. Fiquei só e observava frustrado o desfolhar das árvores.

Logo retornou o inverno, o pior dos últimos anos, peguei solidão novamente. Meu Deus que dor terrível! Quando a solidão chega, é sempre pior que a última.

Quase morri, era uma tristeza sem fim. Implorava logo pela primavera, quando esperava ir atrás da menina das flores e do seu chá de paixão.

A primavera chegou, trôpego de solidão, fui atrás da menina, mas não a encontrei. Os campos estavam floridos, mas vazios, e flores sozinhas não curam solidão. Pensei comigo: "Por que deixei-me atrair por aquelas moças no verão? Era só pele e beleza física, e nem sequer uma flor havia." Na praia há desejo, beleza e pedras, mas não há flores e paixão.

E assim sem cura morri de solidão e saudade da menina que me deu sua paixão....

SENTIMENTO

Sou só sentimento, coberto de pele por todos os lados.

A PAIXÃO

A paixão é a forma mais gostosa de amar.

É a chama que arde no peito e inquieta o mais quieto dos homens.

A paixão é a coragem de enfrentar todos os perigos para estar contigo.

É a disposição de percorrer todas as distâncias para me lançar nos teus braços.

A paixão é esta dor que me agoniza enquanto estou longe de ti.

É o prazer inefável que só é possível de encontrar ao teu lado.

A paixão é a alegria de ouvir tua voz.

É a tristeza de te ver partir.

A paixão é o desejo insaciável de possuir.

É entregar-me totalmente a ti.

A paixão é perscrutar o teu corpo com minúcia.

É conhecer todos os detalhes do teu ser.

A paixão é o falar desinibido.

É demonstrar o quanto importas para mim.

A paixão é o ser simples para que tu sejas especial.

É o querer-te bem.

A paixão é executar todos os sacrifícios em busca de um sorriso teu.

É lutar para conquistar o teu amor.

A paixão é sentir-me pobre longe de ti.

É sentir-me um nobre quando estou ao teu lado.

A paixão é olhar nos teus olhos é ver a felicidade.

É ouvir a tua voz e estremecer de desejo.

A paixão é sentir o teu toque e descobrir o prazer.

É querer nunca mais me afastar de ti.

A paixão é a redescoberta da vida.

É uma razão elevada para viver.

A paixão é te querer sempre.

É dizer que sem ti já não consigo viver.

ERA UMA VEZ

Ah, se eu pudesse reescrever a história,

Assim todo final seria feliz, como nos contos de fadas.

Ah, se eu pudesse redesenhar as montanhas,

Assim elas nunca seriam obstáculos para o trôpego viajante.

Ah, se eu pudesse redefinir o curso dos rios,

Assim eles sempre desaguariam no mar da minha escolha.

Ah, se eu pudesse reorganizar as estrelas,

Assim elas formariam galáxias com o teu nome.

Ah, se eu pudesse prever o futuro,

Assim o meu passado teria sido uma jornada em tua direção.

Ah, se eu pudesse mudar as peças deste grande quebra cabeças,

Assim todas elas se encaixariam formando a imagem do teu rosto.

Ah, se eu pudesse prolongar as noites que passo contigo,

Assim não haveria a necessidade dos sonhos.

Ah, se eu pudesse abreviar os intervalos entre nosso reencontro,

Assim a saudade seria finalmente vencida.

Ah, se eu pudesse acertar-te em cheio como Cúpido,

Assim você jamais consideraria a possibilidade de viver sem mim.

Ah, se eu pudesse conhecer os segredos do teu coração,

Assim teria sempre domínio sobre ti.

Ah, se eu pudesse conhecer teus medos e dúvidas,

Assim nunca se assustaria comigo.

Ah, se eu pudesse te tocar a todo instante,

Assim a solidão seria envergonhada na presença de dois amantes.

Ah, se pudesse dizer-te tudo que sinto,

Assim você seria uma enciclopédia do meu amor.

Ah, se eu pudesse te ouvir a todo instante,

Assim tudo seria música para mim.

Ah, se eu pudesse fazer todas estas coisas,

Assim não seria um mortal, mas um deus.

E se eu fosse deus, não poderia me apaixonar, pois deuses e homens não se apaixonam,

Se não me apaixonasse, não te desejaria,

E sem te desejar, nunca buscaria por ti com insistência,

E sem te buscar, nunca te haveria de ter,

E sem te ter, sendo deus, seria então

eternamente infeliz.

SIM, SOU CARENTE

Sim, sou carente, disse eu ao meu psicanalista, sinto saudade do que não conheço, choro sem motivo, acho linda a flor mais simples do caminho, tenho vontade de abraçar a todos, tudo me deixa meio incomodado, tenho os sentimentos a flor da pele, e adoro escrever sobre isto. No final da consulta, veio o diagnóstico: tu és poeta!

PESSOAS

Quando criança me ensinaram a ter medo das pessoas...

Quando cresci me ensinaram a não confiar nas pessoas...

Quando me tornei adulto me ensinaram a não depender das pessoas...

Quando envelheci não havia pessoas e envelheci só...

No meu enterro apareceram todos os que temi, desconfiei, não dependi, e me isolei... todos choraram.

ONDE ESTÃO OS POETAS

Onde estão os poetas quando preciso deles? Acho que somem de propósito para me forçarem a ser um deles. Tudo o que encontro são palavras e sentimentos.

TROCA DE MARCAS

Meu Deus um dia mostras-te ao duvidoso Tomé as marcas nas Tuas mãos e no Teu lado, marcas do teu amor por nós. Um dia, porque crestes em nós, nos confiando a Grande Comissão, mostraremos a Ti as marcas em nosso corpo e alma, marcas do nosso amor por Ti.

A LINHA MISSIONÁRIA

Em um momento da minha vida missões era uma linha em um horizonte distante que eu sonhava alcançar...

Em um momento da minha vida missões era uma linha embaraçada em meus pés, com outras linhas que igualmente tentavam me segurar e da vontade do mestre insistiam em me afastar...

Em um momento da minha vida missões era uma linha à minha frente que me mostrava por onde caminhar...

Neste momento da minha vida missões é uma linha atrás de mim onde o início já não consigo enxergar, e segue adiante de mim, sumindo no horizonte, me mostrando que ainda há muito para andar...

JUDAS ISCARIOTES

Estas são algumas frases soltas, enquanto pensava sobre Judas Iscariotes, este intrigante personagem bíblico, sobre quem Jesus disse bom seria para esse homem se não houvera nascido (Mt 26:24)! Já imaginou ouvir isto do próprio Cristo? E há tantos Judas por ai....

Entre as piores coisas num Judas está o cinismo, é quando ele pergunta ao Cristo sem o mínimo de vergonha na cara: Porventura sou eu, Rabi? (Mt 26:25). O Judas sempre faz de conta que não é com ele, mete a mão no prato sempre junto com Jesus, para dar aquele tom de intimidade... ah Judas, Judas...

Todo Judas encontra sua sina, logo descobrirá que as moedas de prata que ganhou com sua traição não lhe trará alegria alguma na vida, no máximo só prestará para comprar um cemitério para indigentes, e que o mais longe que conseguirá ir na vida é até a forca que ele mesmo construiu com as próprias mãos... ah Judas, Judas...

Judas estava sempre atento a todo tipo de bondade que era feita ao objeto do seu ciúme e traição, quando alguém ofertou um perfume à Cristo, Judas já sabia o preço!

Estudiosos dizem que o beijo de Judas foi para

diferenciar Jesus de Tiago que seria igual a ele e não prenderem a pessoa errada. Eu creio que o beijo foi para diferenciar Judas dos guardas que iam com ele. O Judas sempre tem um gesto de um pseudo amor para a cena final. Ah Judas, Judas...

Judas sempre volta atrás, não por estar arrependido, mas por ver se há outras possibilidades de perpetrar a sua maldade sem que esta lhe denuncie tanto. No fundo para Judas o que tem valor nunca é o outro, mas as trinta moedas de prata ou a sua própria imagem. Se Judas soubesse do livro "O Evangelho Segundo Judas", teria morrido feliz, pelo menos alguém disse alguma coisa boa sobre ele. Ah Judas, Judas...

No tocante a Judas, tudo tem seu valor, Jesus valia trinta moedas de prata, o perfume usado para ungir Jesus valia trezentos dinheiros e a bolsa que ele carregava (tesouraria) tinha retiradas livres, para ele é claro. Qual terá sido o discípulo que calculou o custo dos pães para alimentar a multidão, narrado em Marcos 6:37? Terá sido Judas? Só Deus sabe!

Judas era um bom político, sempre buscou estar bem relacionado. Na comissão dos discípulos era o tesoureiro, na mesa da ceia assentou-se perto o suficiente para meter a mão no prato com Jesus, para dar aquele clima de intimidade, era também bem relacionado com a turma do sumo-sacerdote, ele não perdia uma oportunidade de encontrar um espaço entres os proeminentes, vai que um dia seja útil! Ah Judas, Judas…

Judas não contava com a vírgula, aquela pontuação que passou a existir sempre após do seu nome: "Judas Iscariotes, que foi o traidor" (Lc 6:16); "Judas Iscariotes, o que o entregou" (Mc 3:19); "Judas Iscariotes, aquele que o traiu" (Mt 10:4). Nem um "evangelho" inteiro conseguirá apagar uma "vírgula" na história de Judas.

Judas sabe sempre onde encontrar o objecto da sua traição, o Judas antes da "virgula" tende a ser íntimo, conhece a vida das suas presas, sabe justamente o local e a hora para o golpe final (Jo 18:2).

A espiritualidade não impressiona muito ao Judas, não faz parte da sua agenda. Sejamos razoáveis, trair Jesus depois da ceia e o entregar no lugar da oração, é no mínimo uma obra das trevas, não é?

Como seria se Judas tivesse ouvido a oração do jardim? Talvez ficasse surpreso ao ouvir que Cristo o observou o tempo todo, de que nada do que fez foi oculto aos seus olhos (Jo 17:12).

COISAS QUE NÃO SE REPETEM

Existem algumas coisas na vida que nunca mais se repetem: uma bela viagem, uma profunda amizade, um grande amor, uma jornada com Deus, portanto, desfrute delas ao máximo e as preserve com todas as tuas forças.

BUROCRACIA

A burocracia é uma violência silenciosa ao espírito democrático, e uma manipulação subtil das massas.

O TEMPO

O tempo é o espaço entre o ontem, o hoje, e o amanhã.

É o aguardar da chegada de quem se ama.

O tempo é o vaso onde floresce a saudade.

É a distancia entre o olhar e o sorriso.

O tempo é a percurso até os braços da pessoa amada,

É o vazio que fica até abraçar novamente.

O tempo é a lembrança que permeia os pensamentos.

É uma vírgula entre a dor e a alegria.

O tempo é o passo em direção ao sonho.

É uma vírgula entre o fracasso e o sucesso.

O tempo é a espera pelo amanhecer,

Ou pelo brilho da lua.

O tempo é ver os cabelos embranquecerem,

E o corpo enfraquecer.

O tempo é a viagem da vida até a morte.

É o transcender da morte para a eternidade,

Onde o tempo passa, mas já não é mais contado.

ÓH SAUDADE

Óh Saudade, cruel dama da noite que inflama o coração do solitário.

Até quando desprezarás as canções dos que amam?

Até quando rejeitarás os versos dos poetas?

Até quando usarás a lua e as estrelas como teus algozes?

Óh Saudade, tu que espezinhas aquele fica e o que se foi.

Até quando te banharás nas lágrimas dos imigrantes?

Até quando te deliciarás nos choros dos órfãos?

Até quando encurtarás teus passos nesta longa caminhada?

Óh Saudade, senhora do crono,

Até quando atrasarás as horas das chegadas?

Até quando adiantarás as horas das partidas?

Até quando insistirás em estar presente?

Óh Saudade, como podes matar-me com doces lembranças?

Até quando usarás o amor para infligir o teu mal?

Até quando usarás os abraços para abandonar-me?

Até quando usarás o sorriso para me levar ao pranto?

Óh Saudade, até quando?

SAUDADE

A noite é o carrasco do solitário, mas ao contrário de utilizar-se da guilhotina ou da afiada espada, usa com crueldade a saudade.

CONSTRUIR O DIA

Um bom dia se constrói, e Deus fornece a cada manhã o material: compaixão, bondade, amor e fidelidade. Um dia perfeito, só se o construir!

A RUA DAS MINHAS MEMÓRIAS

Rua em que cresci, rua em que vivi.

Rua em que corri descalço, rua em que brinquei com a água empossada da chuva.

Rua que me levou a escola, rua que me trouxe de volta para casa.

Rua onde fui comprar pão, leite e o cigarro da mãe.

Rua onde fiz amigos, rua onde briguei.

Rua onde vi a menina passar e me apaixonei.

Rua onde sofri a desilusão do amor de menino, deixei de amar, e onde amei tantas outras vezes.

Rua da bola, do carrinho de rolimã, dos cavalos, das árvores e dos cães.

Rua dos meus irmãos, rua onde corri da surra da mãe.

Rua onde abracei e chorei, rua onde ri vezes sem fim.

Rua das lembranças, rua da minha eterna saudade.

Rua que já não encontro, quando para ela retorno.

Rua que hoje é sonho, sonho que foi e não volta mais.

DOR

Resolvi fazer as pazes com a dor, pois até o amor dói.

ESPINHOS

Há sempre mais espinhos na roseira do que flores.

DO QUE HEI DE ORGULHAR-ME

Se na vida tudo é vaidade, do que hei de orgulhar-me?

Hei de orgulhar-me da existência que existiu sem mim, ou da minha vida que só é minha porque me foi dada e sobre a qual não tenho poder algum?

Hei de orgulhar-me do corpo que surgiu informe pertencente ao barro e ao barro há de voltar, ou da beleza e força física que um dia não era e um dia deixará de ser?

Hei de orgulhar-me de uma herança social que não construí ou escolhi, na qual fui enxertado como uma sina inevitável?

Hei de orgulhar-me da utopia nacionalista, como se nação foi um bem não criado, como criados são todos os homens, e que como eles surgem na história e dela desaparecem?

Hei de orgulhar-me da riqueza que hoje existe e amanhã desaparece, que não trouxe comigo a esta vida e daqui não a levarei?

Hei de orgulhar-me da educação que não é parte de mim, mas me foi dada como um bem universal e não pessoal?

Hei de orgulhar-me das obras das minhas mãos que

são derrubadas pelo tempo, ou das minhas conclusões que são substituídas por outras?

Hei de orgulhar-me da bondade, do amor, da caridade ou da compaixão, se minha bondade nunca é completamente boa, nem meu amor completamente puro, nem minha caridade e compaixão completamente desinteressada?

Hei de orgulhar-me da fé que não tive sozinho, ou dos caminhos que nunca seria capaz de trilhar por mim mesmo?

Hei de orgulhar-me das virtudes divinas como se fossem minhas?

Se na vida tudo é vaidade, do que hei de orgulhar-me?

Orgulhar-me-ei só de ti meu Deus, que transcende a vi.

NÃO SOFREREI MAIS

Disse para mim mesmo: "Não sofrerei mais, por nada e por ninguém!"

- Então minh'alma retrucou:

- "Mentira!"

CAMINHADA SAUDOSA

Enquanto cumpria minha caminhada patológica diária, lembrei-me com saudades da Índia, quando numa caminhada encontrava sempre algum homem santo, sadhu. Santo ou não, não sei dizer, mas pelo menos para eles sadhus e outros 1.3 bilhões de pessoas são santos.

Minha saudade na verdade foi do sorriso, do semblante humilde, da vestimenta simples, dos pés empoeirados, e daquele olhar profundo, penetrante e compassivo. Talvez como cristão, chamá-lo de santo magoa em algum ponto minha consciência teológica, mas uma importante parte humana do meu ser sente saudade daquele olhar profundo e compassivo.

Aqui, sentado numa esplanada, saboreando uma pecadora sangria com gelo e canela, me encontro rodeado de pessoas limpas, bem vestidas, por seu muito falar percebe-se que não são santos, e são como se não tivessem olhos.

Um pecador...

A POESIA E O POETA

Não sou poeta, definitivamente não, sou apenas aquele que no meio do caminho viu uma pedra, da qual falou o poeta.

Me disseram que a minha poesia é repetitiva, que posso fazer, sou o mesmo toda manhã.

Poetizo sobre coisas do dia a dia, as palavras rebuscadas deixo para meu ofício filosófico, na poesia quero o coração e não a mente.

Há poesias que o poeta não concebe para si mesmo, mas as minhas têm um gostinho de mim, as minhas são agridoce, algumas amargas e outras doce como mel.

Poesia é uma semente que cresce rápido, tão logo eu a encontro em mim, procuro enterra-la, mas logo germina e vai crescendo até se tornar uma árvore florida e todos à vêem.

A poesia não nasce na ponta do lápis, nasce no coração, e acredite, a maioria delas nunca serão escritas.

Dizer que estudei quatro anos e me tornei poeta soa tão ridículo quanto, estudei quatro anos para ser seu amante. Estuda-se a letra, pois sentimento é vida inculta.

Muitos não gostam de ler poesia, é óbvio que não,

poesia se cheira, se contempla, se sente, pois ela é quase um ser vivo que nos toca a alma.

A NOITE DO DEPRIMIDO

À medida que o Sol se põe, começa a minha busca pelo sono.
Um processo tão natural, pois o homem não é bicho da noite; somos do dia e da luz,
Mas quando somos afetados por esta indesejável anomalia, nossa natureza se inverte,
E nos faz buscar a escuridão durante o dia,
Enquanto à noite nosso sono se esvai.

A noite para o deprimido é um horror,
O sono foge, as luzes se apagam, o silêncio fala alto, as pessoas desaparecem e resta-nos a nós mesmos, sozinhos naquela noite que nos ameaçou, nunca chegarmos ao fim.
Começam a chegar as companhias indesejadas,
Cada uma mais terrível que a outra, todas de tamanho e forma desproporcionais à realidade.
Chegam numa ensurdecedora algazarra,
Mas ninguém as ouve, apenas eu que serei sua vítima e motivo de escárnio por toda a noite.
O medo é sempre o mais falador; faz ameaças horríveis,
Mostra-me imagens assustadoras de mim mesmo, entregue à mais completa miséria, e, a todos a quem amo, as tais e os perigos que os cercam.

Com o medo chega também a rejeição, de aparência feia, semblante caído, sem brilho nos olhos...

Com mãos frias me toca, conferindo-me o seu desagradável aspecto.

Enche-me o coração de um sentimento de abandono e desamor a tudo, a todos e por todos.

Esconder-me, mesmo que na cama, debaixo das mais vulneráveis cobertas, é o que apazigua um pouquinho o drama deste horror.

A ameaça é irmã do medo, tem voz forte e ecoa de forma impressionante,
Faz estremecer tudo o que há em nós,
Sua perversidade está no poder de aumentar o tamanho de tudo o que nos assusta,
Ela transforma em filmes reais de destruição e morte as circunstâncias mais normais da vida.
São cenas que nunca terminam, sequenciadas, mudam de uma para outra ininterruptamente.
Que me resta, senão rolar na cama a noite toda, numa tentativa inútil de evitar seus olhares?
Que me resta, senão me encolher todo, cobrindo cada pedacinho do meu corpo, numa inútil tentativa de me proteger do inexistente?
Que me resta, senão implorar pelo dia, quando me esconderei do Sol e de todos, mas de alguma forma pressinto que pessoas boas andam à minha procura e buscam comigo formas de me tirar desta dimensão da vida na qual me meti sem querer?

Os sorrateiros entram pelas frestas encontradas em

meu esconderijo de pano.

Seus nomes? insegurança, autopiedade, fracasso, desânimo, raiva, alucinação, ansiedade e desamor.

Seguram-me os braços e as pernas, tapam-me os ouvidos e a boca, fecham-me os olhos, e com suas unhas afiadas rasgam-me o peito em busca do meu coração; quando o encontram, o envolvem em incredulidade e o repõem no lugar, fechando de forma mágica o meu peito.

Suas maldades não terminam por ai, pois querem a minha mente.

Semelhantemente, conseguem seu caminho até à minha razão, consciência, pensamentos, lembranças, esperança e os vestem com camisas de força de cor cinza.

A esta altura, a alegria, a satisfação e a felicidade já fugiram, abandonando-me a sós nas mãos dos meus carrascos.

Foi mais uma noite agonizante, sofrida e dolorosa, mas o Sol raiou.

Todos se levantam e seguem com suas vidas sem imaginar o que passei.

Uma caneca de café quente parece me trazer de volta à realidade.

Olho no relógio, são oito horas da manhã e às dez tenho médico.

Troco-me e vou ao médico narrar-lhe como foi a minha

noite, na dúvida se de fato ele me entende, e, envergonhado, escondo-lhe detalhes para não lhe parecer um doido varrido.

Mas ele me entende e me ajuda a entender um pouco do que vivi à noite.

Prescreve-me algumas coisas, adverte-me de que a cura é longa e dolorosa.

Saio dali com um pouco mais de esperança, caminho de volta à casa, uma parada na farmácia...

Contudo, embora caminhe entre a multidão, sinto-me sozinho.

A noite chega. Agora mesmo, sem muita esperança, tomo estes comprimidos e deito-me a aguardar até adormecer.

Acordo e olho no relógio: são sete da manhã. O Sol já dá o ar da sua graça.

Não me lembro de nada, sinto-me cansado, durmo um pouco mais e acordo outra vez: são nove horas.

Uma caneca de café quente ajuda-me a despertar, e começo a acreditar que posso sair de buraco profundo no qual me encontro.

Ouço as vozes dos que me amam,

Percebo que a alegria, a satisfação e a felicidade retornam, mesmo que timidamente, e sentam-se ao meu lado.

Depois de meses, dei o primeiro sorriso sozinho.

Há esperança!

(Nesta poesia, revisão e sugestões de Magno Andrade)

SAUDADES MINHAS

Sinto saudade da vida que não vivi, do amor que não amei, da flor que nunca vi,

Sinto saudade de mim, que não me vi partir.

SOU ASSIM

Quem sou eu que não me conheço?

Não, conheço-me, sim, mas quero negar.

Não quero ter parte comigo mesmo.

Ó eu mesmo, deixa-me em paz!

Repreendo-te com todas as minhas forças e com os nomes sagrados!

Mas de nada adianta, não me vais, estou destinado a sofrer comigo mesmo.

Sou o que sou.

Sou isto o que não quero ser.

Sou isto o que quero negar.

Sou isto o que não quero, e é por isto que nego me conhecer.

Mas sei quem sou, nego-me, mas sou o que sou.

Sou assim mesmo!

Como fugir? Como negar?

Todos sabem quem sou.

Mas não é com eles que me preocupo, preocupo-me é

comigo mesmo.

Conheço-me tão bem que me assusto e me envergonho.

Conheço-me tão bem que busco me afastar de mim mesmo, mas não há possibilidade.

Sou mais que corpo, sou vontade em mim.

Os anjos maus também não possuem corpos, mas são maus.

O mal não está só no corpo, não pode estar só na matéria, tem de estar na vontade.

É isto, sou vontade, vontade má!

Meu Deus, salva-me de mim mesmo!

Sendo eu vontade, tento negar o que sou, mas sou o que sou!

Espero ser mudado e ser diferente. Mas tudo isto é só vontade.

Quem sou eu? Não me quero assim, mas só assim serei eu mesmo.

Quem sou eu? Eu sou assim…

DESEJO

Desejo, palavra com seis letras e tantos significados.
Na religião é ao mesmo tempo bendita e maldita.
Bendita para o que é espiritual,
Maldita para o que é carnal.

Desejo, palavra com seis letras e tantos significados.
Nas relações humanas é ao mesmo tempo aceitável e
repugnante.
Aceitável quando direcionada à pessoa correta,
Repugnante quando direcionada a pessoa incorreta.

Desejo, palavra com seis letras e tantos significados.
Na satisfação da fome pode ser saudável ou doença.
Saudável quando se alimenta a fome na dose e na
qualidade certa,
Doença quando se alimenta a fome com excesso ou
escassez.

Desejo, palavra com seis letras e tantos significados.
No sexo tanto é santo como pecador.
Santo quando se deseja o corpo que nos diz respeito,
Pecador quando se deseja o corpo o alheio.

Desejo, palavra com seis letras e tantos significados.
Nos bens materiais tanto é desapego como cobiça.
Desapego quando se deseja o suficiente e se prática a
generosidade,
Cobiça quando se deseja além do necessário e para

gastar consigo mesmo.

Desejo, palavra com seis letras e tantos significados.

Na vida tanto é virtude como infâmia.

Virtude quando se vive não apenas para si próprio, mas para o próximo,

Infâmia quando o viver é egocêntrico e narcisista.

Desejo, palavra com seis letras e tantos significados.

Dentro de mim és luz e escuridão,

Santidade e sacrilégio,

Fome e glutonaria,

Satisfação e insatisfação,

Riqueza e pobreza,

Altruísmo e egoísmo,

Moralidade e imoralidade,

O bem e o mal.

CONSCIÊNCIA

Estou na escuridão, embora o dia seja claro e veja todas coisas,
É uma escuridão da alma, se é que temos alma, ou do espírito, se é que temos espírito.
É uma escuridão do lado de dentro que me faz confundir razão, vontade e sentimentos.
É uma escuridão provocada pela luta entre o desejo e a consciência.

Consciência, nome estranho e feminino, coloca-se como a senhora da vida,
Tira-nos ou dá-nos a paz conforme lhe apraz.
Consciência, o que és tu? Conhecer-te tem sido a busca de filósofos e psiquiatras.
Consciência, és a mãe da vontade e da razão, domina-os com tua mão de ferro e terror.

Consciência, tens por inimigos o sentimento, a indecisão e a rebeldia com todos os que se recusam a se dobrarem aos teus caprichos de senhora poderosa no interior de homens e mulheres.
Felizes são os cães que não possuem consciência!

Consciência, o velho ditado é a tua resposta a um rebelde como eu: "Ruim comigo, pior sem mim!"
Consciência, diga-me como e onde posso te silenciar em alguns momentos da vida, apenas para ter o gosto, ainda que por segundos, de sentir-me senhor de mim

mesmo.

Consciência, gabaste na realidade de nunca sermos capazes de viver sem ti.
Somos subjugados a nós mesmos, ou esqueceste que és parte inseparável do nosso ser?

Consciência, na verdade és escrava de ti mesma, de caprichos que não consegues renunciar.
A escuridão na qual me encontro é está luta que de tempo em tempo é travada entre mim e ti, ao contrário das lutas aqui fora, onde todos os holofotes se acendem, em nossa luta todos eles se apagam.

Estou cansado, és mais forte, tens mais poderes, reconheço, dominaste-me mais uma vez, portanto, imploro-te: Ascenda as luzes!

MULHER MAL AMADA

E tu mulher mal amada por que te aborreces com o poeta?
Teu desprezo a poesia é resultado da tua alma ferida.
E tu mulher mal amada por que espezinhas a poesia como se fora flores enviadas por um boêmio?
Teu desamor é fruto da tua amargura.

E tu mulher mal amada por que ridiculariza as outras que se entregam aos seus amantes?
Teu escárnio é como uma veste velha a cobrir-te de vergonha.
E tu mulher mal amada por que te ardes em ciúme, raiva, ódio e inveja dos que nos versos encontram aconchego?
Teus ouvidos impuros não compreendem a beleza das palavras.

E tu mulher mal amada por que olhas para a poesia como assédio é para o poeta como enganador?
Teu coração transborda de malícia e por isto não descobrirás o que é o amor.

E tu mulher mal amada saibas que nem tudo está perdido.
Tua alma ferida precisa do bálsamo que só se extrai da poesia.

E tu mulher mal amada recolhe as flores que pisaste.

Teu olhar do poeta deve ser daquele que te acende a luz para a esperança de um novo amor.

E tu mulher mal amada por que encontras prazer no escárnio?

Teu prazer só pode ser encontrado nos braços de um amante.

E tu mulher mal amada, não te distraias com o amor alheio.

Teu amor lhe bate a porta, mas estas tão distraída que não lhe escuta chamar pelo teu nome.

E tu mulher mal amada apega-te a poesia.

Teu conforto está na boca e nas mãos do poeta.

E tu mulher que mereces ser amada, até quando resistirás ao amor?

Teu coração uma vez aberto será curado das tuas chagas.

E tu mulher que mereces ser amada, até quando andarás de mente e coração vazios?

Teu ser precisa ser inundado pelas palavras doces da poesia.

E tu mulher que mereces ser amada, até quando usarás estes trapos velhos?

Teu corpo de mulher precisa ser coberto de panos novos que só são encontrados nos versos.

E tu mulher que mereces ser amada, até quando

ocultarás o teu desejo de mulher.
Teu amante aguarda com ansiedade por tua entrega.

E tu mulher que mereces ser amada, entrega-te completamente às palavras doces do poeta.
Teu coração assim transbordará do mais puro amor.

DESESPERADO POR SILÊNCIO

Ouço ruídos de todos os lados,
São ruído da inquietude da vida moderna.
Ouço os carros com seus motores e buzinas,
Ouço os palavrões dos motoristas irritados.

Ouço os gritos das mães com seus filhos,
E crianças mal educadadas que choram e esperneiam
por coisas vulgares.
Ouço meu vizinho com sua música no último volume,
E as vozes daqueles que passam por baixo da minha
janela.

Ouço o som dos cães a latirem,
E a televisão alta na sala.
No carro ligam o rádio, fazendo com que o som das
vozes de seus ocupantes se misturem com o noticiário.
Ouço vozes nas ruas daqueles que falam alto ao
telefone,
Além da música ridícula do jovem que vai a frente com
seu MP3 a estourar-lhe os tímpanos.

Não há para onde fugir, há ruídos em todos os lados,
O silêncio entrou em extinção, já nos acostumamos aos
ruídos de tal forma que o silêncio nos deprime.
No entanto, busco pelo silêncio como um pássaro
espantado em busca de um lugar tranquilo.

Mesmo no lugar de oração há ruídos de passos que

não param,

E de vozes que não cessam.

Ouço os cânticos, mas estes não me trazem paz,

Pois estão poluídos com o barulho de tantos instrumentos e vozes.

Meu ser foi violado pelos tantos ruídos,

Meu coração não encontra paz.

Há uma inquietação inexplicável na alma, e por isto tudo me aborrece.

Mesmo sozinho aparentemente em silêncio, ouço ruídos, as vozes dos outros e a minha.

Sinto-me como se desesperado gritasse sem parar implorando o silêncio.

Mas ninguém me ouve!

JANELA

Sentado em meu mundo seguro vejo a diante de mim uma janela.

Uma janela antiga e de vidro já gastos pelo tempo e com alguma sujidade.

Com os meus olhos fixos nesta única fonte de luz e conexão com o mundo lá fora me pergunto:

- O que há lá fora?

Meus pensamentos fugazes logo trataram de responder:

- Há vida!

Mas oxalá meus pensamentos fossem um só ou unânimes, mas logo outro pensamento indaga:

- Mas aqui dentro também não há vida?

Foi quando finalmente conseguiram concordar:

- Há vida dos dois lados da janela!

Mas um pensamento que até agora estava quieto perguntou:

- São vidas iguais ou vidas diferentes?

Na busca pela resposta todos os meus pensamentos falavam ao mesmo tempo me levando a uma grande confusão e inquietude.

Depois de muito discutirem concordaram que que há vida dos dois lados da janela, mas são vidas diferentes e fizeram uma lista com as diferenças da vida lá fora comparada com a vida aqui dentro.

Listaram de tudo: frio, calor, chuva, abrigo, conforto, desconforto, segurança, insegurança, alimento, fome, e assim foram trazendo a tona todas as diferenças.

Foi então que do inconsciente da minha mente, daquela parte escura onde se escondem os pensamentos mais perversos, se ouviu uma voz dizendo:
- MEDO.

E todos os demais pensamentos calaram-se, e a palavra medo ecoou horas a fio em minha mente assustada, até que concluí que assim como a vida, o medo vive também dos dois lados da janela.

UM HERÓI NA MINHA VIDA

Cresci te vendo um herói,
Herói do que? Herói do ganha pão!
Tu foste a certeza de que todos os dias eu estaria na escola,
E que todos dias eu estaria de volta em casa.

Te vi trabalhar duro, do amanhecer ao entardecer.
Tudo o que fizeste foi excelente, a perfeição fazia parte da tua vida,
Desde um modesto café à grandes jardins, em tudo eras excelente.
Nunca te vi refazer algo que já havia feito uma vez.

Mas, de tudo, o que mais sentirei falta e do teu jeito,
Eras espontâneo e o amor sempre fluiu dos teus lábios como água de uma fonte.
Eras irreverente, galanteador, às vezes canastrão, mas em teu coração cabia o mundo.
Teu sorriso inesquecível não desaparece da minha mente.

Teu nome só me traz o sentimento de amor, ternura e bondade,
Não, não eras perfeito, mas um direito adquirido dos mortos é a perfeição,
Portanto, teus defeitos já foram engolidos por um buraco negro qualquer do universo.
Restou a ti, simples, amável, alegre, servo, amante de

tudo e de todos.

Tenho em mim uma saudade sem fim, quando penso
em ti os olhos enchem de lágrimas,
A voz fica embargada, o coração parece contorcer-se
de dor. Amar dói!
Sempre soube que te amava, mas nunca imaginei o
quanto.
A ti meu pai ofereço estes versos in memoriam,
Na esperança de estas palavras me alentem o coração,
Nunca te esquecerei!

(Poesia in memoriam de Seabastião Joaquim da Silva, que embora
não fosse meu pai biológico foi tudo o que eu precisei e amei.)

ONDE ESTÁ, Ó MORTE A TUA VITÓRIA

Morte, cavaleiro da escuridão e do medo.
Tua face nunca foi vista pelos homens, mas és conhecido e temido por todos.
Mesmo os mais valentes dos homens, aqueles que enfrentam-te sem estremecer, temem à tua aproximação daqueles a quem amam.
Nem mesmo Aquiles que banhava-se nas águas sagradas do Estige escapou à tua fúria envenenada.

Morte, cavaleiro da escuridão e do medo.
Chegas sempre de surpresa, não respeitando nem o dia e nem a hora.
Não tens piedade de crianças, jovens ou velhos, nem mesmo dois amantes que acabam de descobrir o amor escapam a tua crueldade.
A surpresa é teu grande trunfo e teu maior instrumento de dor.
A semelhança do que Sísifo fez com Tânato, tentamos enfeitar a morte com flores e assim apaziguar a dor.

Morte, cavaleiro da escuridão e do medo,
Por que viestes tantas vezes e em tão pouco tempo?
Por tua causa encontro-me num vazio enorme, ando de um lado ao outro a procura daqueles que levaste na esperança de que tudo não passou de um pesadelo e que retiveste a tua fúria por mais um instante.
Mas nada encontrei senão os rastros deixados por Nix

e suas filhas perversas.

Morte, cavaleiro da escuridão e do medo.
Procuro em vão por quem já não existe mais.
Em seus lugares deixaste a saudade, a lembrança, a culpa, e uma tristeza sem fim.
Por que quando te chamo tu não vens a mim para me juntar aos meus?
A minha espera por tua chegada também faz parte da tua crueldade.
Foi inspirado por ti que Olaf Trugvasson manteve as völvas numa longa e terrível espera pela morte.

Morte, cavaleiro da escuridão e do medo.
Nem ao Filho de Deus poupaste, antes o feriste, como fere a todos os homens.
Sim Morte, tu triunfas sempre. É um impiedoso vencedor, mas já experimentaste a derrota, pois nem com toda a tua força conseguiste segurar o Autor da Vida que ao terceiro dia ressuscitou.

Morte, cavaleiro da escuridão e do medo,
Teus dias estão contados, aquele que sobre ti triunfou, o Filho bendito de Deus, viu tua face, olhou nos teus olhos e prometeu o teu fim.
Que mais tenho eu,   senão acreditar nesta única promessa de uma vitória final?
E então finalmente os homens serão livres e cantarão:
"Onde está, ó Morte a tua vitória?
Onde está, ó Morte, o teu aguilhão?"

TEU SILÊNCIO

Entre todas as possibilidades de ferir-me, escolheste a mais cruel,
Conheces-me bem e o meu amor pelas palavras e por isto escolheste o silêncio.

Entre todas as possibilidades de fazer-me sentir culpado, escolheste a mais fatal,
Conheces-me bem e o quanto me importo, mas fazes-me culpado com teu silêncio.

Entre todas as possibilidades de humilhar-me, escolheste a mais degradante,
Conheces-me bem e o quão baixo e indigno me sinto ao deixar-me sem resposta apenas com o teu silêncio.

Entre todas as possibilidades de me levar ao ridículo, escolheste a mais jocosa,
Conheces-me bem é o quão atrapalhado encontre-me por causa do teu silêncio.

Entre todas as possibilidades de tornar minhas poesias tristes e melancólicas, escolheste a mais brutal,
Conheces-me bem e o quão amarga minh'alma se encontra com o teu silêncio.

Nenhuma palavra tua para restaurar minha paixão pelas palavras,

Nenhuma palavra tua para para apaziguar minh'alma inquieta e perturbada.

Nenhuma palavra tua para para trazer-me dignidade.

Nenhuma palavra tua para para livrar-me dos zombadores.

Nenhuma palavra tua para adoçar minh'alma amarga.

Mas nem tudo é desgraça,

Teu silêncio ensinou-me a comunicar mais com as atitudes e com coração do que com palavras,

Teu silêncio ensinou-me a suportar outros fardos pesados na alma que antes eram demais para mim,

Teu silêncio ensinou-me a andar curvado, e a contemplar mais a minha miséria que as dos outros,

Teu silêncio ensinou-me a não me importar com os que riem as minhas custas,

Teu silêncio me ensinou que nem tudo é alegre, que nem tudo e doce e que nem tudo é suave.

Teu silêncio me levou desesperado a buscar consolo no livro sagrado e então descobri:

"...houve absoluto silêncio nos céus..." Ap 8:1

O Deus que também experimentou o silêncio me dará a graça de suportar o teu.

AO POETA NÃO SE ROUBA A POESIA

Ao poeta não se rouba a poesia,
Ao poeta não se imita, mas se récita para que a luz da sua poesia continue a brilhar nos lábios de quem a declamar.

Ao poeta não se rouba a poesia, pois ela morre, tornando-se corpo putrificado, que ao invés de vida cheira a morte.

Ao poeta não se rouba a poesia,
Ao poeta se récita e a poesia se declama, pois só assim ela transcende com suas propriedades autónomas repetindo os mesmos efeitos de amor, saudade, melancolía e alegria naqueles que a lêem e a ouvem.

SOLIDÃO

Solidão por que me acompanhas enquanto desejo estar só?

Solidão por que insistes em lembrar-me que fui esquecido por todos?

Solidão por que cerca-me e isola-me em meio a multidão?

Solidão por que enche-me o coração de vazio?

Solidão por que insistes em que devo ser amado, se me dizes a todo tempo que ninguém me ama?

Solidão por que me tapas os ouvidos, e me dizes que deveria ouvir a canção?

Solidão por que me cobre os olhos, e me dizes para ler a poesia?

Solidão por que seguras meus braços, e me dizes para abraçar o meu próximo?

Solidão por que aceleras meus passos numa direção enquanto me dizes para ir para o outro lado?

Solidão por que me enfraqueces e me dizes para ser forte?

Solidão por que fechas meu coração por dentro e me mandas abrí-lo por fora?

Solidão quando te vais?

A POESIA É AUTÔNOMA

A poesia é autônoma do eros,
É possível poetizar sobre a beleza de uma flor sem a
necessidade de uma amante.
A poesia é autônoma e por isto é a única forma de
experimentar o ágape na sua plenitude,
É possível poetizar sobre o amor sem a necessidade
de um objeto a ser amado.
A poesia é autônoma do filia,
É possível poetizar com ternura e afeição sobre um
transeunte desconhecido que desaparecerá na
esquina seguinte.
A poesia é autônoma de storge,
É possível poetizar sem laços de pertença a um ou a
outro, mas livre para amar humanidade como a um
todo.

A poesia é autônoma inclusive do poeta, ele se vai e
ela fica, ou ele fica e ela se vai. Numa autonomia
completa, linda, mística que só quem ama poesia é
capaz de compreender.

(Nota explicativa dos termos gregos)
Eros (ἔρως) é o amor no sentido de "estar no amor", àquele estado que
chamamos de "estar amando"; ou, se preferir, àquela espécie de amor em que

os amantes estão "envolvidos".

Ágape (αγαπη) é um amor dirigido a um vizinho que não depende de nenhuma qualidades adoraveis que o objeto do amor possui. É o amor que não espera retorno.

Filia (φιλια) é uma forte ligação entre pessoas que compartilham um interesse ou uma vida comum.

Storge (στοργη) é o afeto com a família, especialmente entre os membros da família ou pessoas que se encontraram de outra maneira por acaso.

TUA FACE DE MULHER

Tua face expressa uma majestade singela,

Teu olhar é o de uma princesa cativa,

Teus lábios possuem um sorriso discreto e

Tudo isto revela a tua glória de ser mulher.

Uma mulher misteriosa se abriga em ti,

Uma mulher conhecedora dos segredos da vida reluz na tua face,

Uma mulher firme e meiga, forte e doce, independente e fraca,

Uma mulher mistica e desejável.

Vejo em ti o apetite dos homens,

Vejo em ti a beleza de uma rosa negra,

Vejo em ti mistérios desconhecidos,

Vejo em ti uma mulher e o seu segredo.

A MANHÃ

A manhã é a oportunidade que a vida nos dá para renascer,
O mundo poderá não ter mudado, mas eu mudei durante a noite.
Refleti sobre meus medos, meus problemas e resolvi enfrentá-los,
Como um atleta descansado, reentro no jogo da vida nesta manhã.

A manhã é a oportunidade que a vida nos dá para algo novo,
Uma nova tentativa, um novo emprego, uma nova vida sozinho,
Um novo amor ou o mesmo amor, mas com sentimentos e atitudes diferentes.
Como um empreendedor entusiasmado, reentro no jogo da vida nesta manhã.

A manhã é a oportunidade que a vida nos dá para os consertos,
Conserto com as pessoas que amamos e ferimos, conserto com um amigo,
Mas acima de tudo um conserto connosco mesmos e com Deus.
Como um ser perdoado e perdoador, reentro no jogo da vida nesta manhã.

A manhã é a oportunidade que a vida nos dá para

reconhecer que a vida é boa,

Uma nova esperança nos aguarda, novas flores, novos sorrisos e abraços,

Novas poesias foram escritas pela madrugada à fora fazendo apologias ao amor e a vida.

Como um apreciador da vida, reentro no seu jogo nesta manhã, mas não como adversário e sim como um amante.

LIVROS

Os livros são amigos que comigo conversam em silêncio,
São mestres que estão constantemente presentes,
São caminhos secretos para se conhecer outras terras e outros mundos,
São oportunidades para se experimentar novas emoções e sentimentos,
São companheiros nas viagens e nas noites solitárias,
São camaradas sempre dispostos a consolar, aconselhar e advertir,
São amantes eternos, os quais jamais deixarei partir.

ESPERANÇA

Caminhei tantas milhas até aqui e ainda há tantas outras por caminhar.

O que me aguarda pelo caminho não sei, só sei que não posso parar.

O caminho é longo e árido,
Os únicos habitantes deste ambiente hostil são os sentimentos da alma e do coração.

A saudade é neste caminho a companhia da noite, e o medo e a ansiedade os companheiros do dia.
Já a lágrima é a fonte que hidrata a minh'alma.

A esperança é o horizonte no qual fixo meus olhos.Esperança, nome bonito, mas ambíguo para um transeunte como eu.

Contemplar o horizonte é um misto de alegria e horror.
O que me espera ao fim do caminho?Será que há um fim do caminho? Não sei, embora quisera saber.

Mas certamente haverá um fim para mim.
Se for a morte, é esperança, se outra estrada, é o horror.

DOA-SE POESIAS

Tinha o sonho de distribuir poesias,

Assim como os homens gentis distribuem flores,

E os músicos de ruas distribuem suas canções.

Tratei de juntar alguns ramos de poesias e

as coloquei debaixo dos braços e fui para uma esquina.

Mas não era uma esquina qualquer, eram oportunidades do dia,

Brechas nas almas e corações das pessoas que por ali passassem.

Também não eram apenas ramos, era ramos de poesias,

Poesias de todas cores e cheiros.

Umas falavam da paixão, outra da desilusão,

Umas falavam da saudade, outras dos reencontros,

Umas falavam da dor, e outras do alívio,

Uma falava da mulher, outra da natureza,

E assim passei dias a distribuir poesias.

Uns agarravam-nas com entusiasmo e felicidade,

Outros apertavam-nas ao peito e tentavam extrair delas sentimentos, Outros as cheiravam, buscando extrair delas a sua doçura,

E outros ainda examinavam cada palavra, como um floricultor examinandos as pétalas e botões das flores,

Entretanto alguns, talvez azedados e mal amados pela vida, deitavam as poesias ao chão como algo sem valor para serem pisadas pelos homens.

Desesperado tentei recolher aquelas que eram atiradas ao chão tentando salvá-las inutilmente. Uma vez partidas, sujas e abandonadas para nada mais serviam.

Assim também ficou meu coração, voltei para casa com as poesias que sobraram,

Triste e desanimado por viver numa cultura sem cultura,

Tranquei-em casa, mas deixei um aviso na porta:

"DOA-SE POESIAS"

POEMAS NÃO ABORTADOS

Há poemas que nunca deviam ter nascido,
Deveriam ter sido abortados no momento do seu nascimento,
Mas insistimos em salvá-los ainda que nos custe o desprezo, a dor, a lembrança, e o descaso.
Há poemas que o poeta não concebe para si mesmo,
Mas para que o vento o leve para longe,
E por fim seja adotado por alguém.

ONDE NASCE A POESIA

A poesia nasce de um desamor, nasce de um louca e impossível paixão, a poesia nasce da tentativa de descrever o indescritível, nasce ao tentarmos pronunciar o inefável, a poesia nasce no súbito encontro com o amor, nasce da dor contínua do corpo e da alma, a poesia nasce da simplicidade da flor que encontramos no caminho ou do encantador sorriso de uma criança que nos mostra que a vida é mais forte. A poesia nasce no vento e pelo vento se espalha levando luz, esperança e amor a todos quantos ela alcançar.

A VIAGEM

Foram tantos os caminhos até aqui,
Foram tantas as curvas das estradas,
Foram tantos os cruzamentos perigos,
Foram tantas as encruzilhadas por decidir,
Foram tantas as paradas para reabastecer,
Foram tantas as noites em paragens para dormir,
Foram tantos os pneus trocados na jornada,
Foram tantos os buracos pelos caminhos,
Foram tantas as subidas íngremes e cansativas,
Foram tantas as descidas perigosas,
Foram tantos os nevoeiros,
Foram tantos os temporais,
Foram tantas as nevascas,
Foram tantos dias em calor insuportável,
Foram tantas noites em frios congelantes,
Foram tantas as pessoas que entraram e saíram
durante o percurso,
Foram tantos os momentos de abundância pelo
caminho,
Foram muitos outros tantos os momentos de escassez,
Foram tantas as músicas tocadas durante a vigem,
Foram tantos os momentos de silêncio,
Foram tantos os pensamento pelo caminho,
Foram tantos os quilômetros percorridos de mente
vazia,
Foram tantos os mapas lidos,
Foram tantos os momentos perdidos,

Foram tantas as preces,

Foram tantas as dúvidas,

Foram tantas as saudades,

Foram tantas as alegrias de estar longe de tudo e de todos,

Foram tantos os telefonemas realizados,

Foram tantas as chamadas deixadas por fazer,

Foram tantas as notícias de morte,

Foram tantas as vontades de morrer,

Foram tantos os quilômetros a frente ainda por percorrer,

Foram tantos os quilômetros deixados para trás e que nunca conheci,

Foram tantos os cansaços do caminho,

Foram tantas as novidades da jornada,

Foram tantas coisas até acordar e ver que nunca saí do lugar,

A vida é está estrada, um sonho real, de idas e vindas, de risos e choros, de chegadas e partidas, de alegrias e tristezas. Um sonho real do qual nunca iremos acordar, mas que certamente nela seguiremos até verdadeiramente eternamente adormecer!

SIMPLESMENTE AMAR-TE

Andei por terras de meus pais,
Andei por terras estranhas,
Andei como quem busca por uma pedra de grande valor,
Andei como um pobre transeunte que busca chegar ao amor.

Encontrei de tudo nesta vida,
Encontrei de todas desta vida,
Encontrei todos os gostos e prazeres,
Encontrei o prazer, sim, o prazer, mas não encontrei você.

Quando cansei de andar,
Quando a estrada pareceu-me chegar ao seu fim,
Quando a desilusão surgiu e todas as conquistas da vida tornaram-se um vazio sem fim,
Do nada, como que por um milagre, do nada você sorriu pra mim.

Um sorriso profundo que penetrou-me a alma,
Um sorriso, que como uma espada cortante libertou-me das últimas amarras que prendiam-me nesta vida,
Um sorriso que também me fez sorrir,
Um sorriso que jamais esquecerei.

Com os pés cansados de tão longa caminhada,
Com o pouco de dignidade que ainda tinha,
Aproximei-me daquela que em segundos mudou décadas do meu ser, E perguntei-lhe, com medo de lhe a constranger:

"Sei que amar um homem surrado pela vida e cheio de marcas sem fim, seria pedir demasiado àquela que sorriu pra mim, Mas com humildade, sem em nada lhe comprometer, nem mesmo mais um sorriso seu, pois um só bastou para mim, permita-me de longe, eterna e silenciosamente....

Simplesmente amar-te!

AMOR SEM MEDIDA

Amor sem medida…
Um pouco,
É uma medida pequena,
Mas se pode medir o amor?
Se pode medir o quanto és minha ou não?
Se és minha, muito ou pouco, que importa,
És minha naquele pouco.
Pouco que para mim, é tudo o que tenho,
E sendo tudo o que tenho,
É de imensurável valor!

O CHEIRO DAS FLORES

Gosto de levantar de manhã abrir a janela, ainda que frio e sentir o cheiro da vida, do ar e das árvores de oliveira que rodeiam toda a nossa casa.

Quando chove então o cheiro é maravilhoso, cheiro de terra molhada.

Tem gente que detesta a terra por achar que é sujeira, pura tolice,

A terra é um composto essencial deste corpo,

Terra sou eu, é de onde vim e para onde voltarei um dia.

Num dia de chuva é bom sentir o cheiro das flores, pois são elas que nos alegram a vida,

As flores de perto cheiramos, as flores de longe imaginamos, mesmo aquelas que nunca vimos ou tocamos, mas que um dia desejamos tocar, cheirar e sorrir.

SEM MEDO

Mesmo que todo o mundo se abale,

Mesmo que as estrelas do céu caiam sobre a terra,

Mesmo que as águas dos mares e dos rios se levantem,

Mesmo que o fogo consuma todas as árvores, folhas e frutos,

Mesmo que as potestades deste mundo tenebroso venham contra mim,

Mesmo que a maldição dos filhos das trevas sejam sobre mim lançadas como flechas nas mãos do arqueiro,

Mesmo que os homens venham contra mim com todas as suas perversidades,

Mesmo que meus inimigos planejem contra mim,

Mesmo que os homens se unam para me destruir,

Mesmo que meus amigos me abandonem,

Mesmo que meus companheiros de batalha se entreguem ou tombem pelo caminho,

Mesmo que feras sejam enviadas contra mim,

Mesmo que o dia se torne escuro,

Mesmo que a noite se torne congelante,

E mesmo que tudo à minha volta se torne em deserto,

Não temerei a nenhuma destas coisas e entre elas andarei seguro nas mãos daquele que me chamou das trevas para a luz,

Tal como disse o poeta: "como uma criança que anda tranquila e encantada entre as flores de Junho."

INSULTOS

Os insultos me fazem mal ao espírito, as flores só aprecio vivas no chão, os elogios dou sem nada em troca esperar e riqueza não tenho não tenho para dar. A minha poesia é o que de maior valor tenho para te fazer sorrir, e é a minha forma singela de corpo e alma a ti me entregar.

DOIS CORAÇÕES

Nasci com dois corações, um que é músculo e outro que é sentimento.

VAZIO

Quando sinto-me vazio na vida é a poesia me convidando a preencher o espaço vazio com palavras.

AUTOR

Luis A R Branco é esposo, pai, escritor, poeta, professor, teólogo, pastor, filósofo, apologéta, alegre, de bem com a vida. Seu trabalho já o levou a viver no Brasil, Índia, Nova Zelândia, Noruega e Portugal, devido ao seu trabalho já atuou em aproximadamente em vinte e seis países.

Licenciado em Estudos Bíblicos e Teologia Sistemática, Mestre em Administração Eclesiástica e Liderança, Doutorado (h.c) em Ministério e Doutorando em Filosofia.

COPYRIGHT